自分をあきらめるにはまだ早い

［改訂版］

手塚マキ
MAKI TEZUKA

Discover

趣味は「生きる」ことです。
死ぬことも選べます。

毎日いつでも両方の
スイッチを持っています。
毎日生きるスイッチを
押しています。

選んで押しています。

僕は今日も生きる
スイッチを押しました。
選んで押しました。

僕は今日も生きます。

プロローグ

不安で孤独でみじめで劣等感のかたまり。
それが僕だった。
自分が大嫌いだった。子供のころからずっと。

つらい家庭環境で育ったわけでも、
つらい学生時代を送ったわけでもない。
どちらかと言えば、いたってフツーに育った。

でも、僕はコンプレックスのかたまりだった。
エリートにあこがれて、不良にあこがれて、都会にあこがれて。
そのどれにもなれないまま、フツーの大学生になってしまった僕。
このままフツーに勉強して、就職して、結婚するんだろうなー。

漠然と、そう思っていた。

僕はフツーから逃げた。
見えてしまった未来が怖くて、どうにかしたくて、
ただその一心で、夜の世界に飛び込んだ。

だけど、逃げ場所になるほど甘い世界ではなかった。
待っていたのは屈辱の日々。
酒を飲まなきゃ飲めと殴られて、飲めば酔うなと殴られる。
先輩のためにドアを開けなければ、罵倒の嵐。
暴力とアルコール浸けの毎日の中で、
隠し持っていたコンプレックスも丸裸にされてすべてを否定された。

ホストなんて最低だって思った。
そんな最低なヤツらに負けてる俺は、もっと最低で。

売れないホストなんてゴミも同然。そう、僕はゴミだった。
同僚からも、お客さまからも、世間からも、さげすまれて。
悔しさだけが生きる糧だった。

がむしゃらに生きることでしか生きていられなくて、
たくさんの女性や仲間を傷つけながら、自分のためだけにもがいていた。
酒も弱く、気配りも下手で、たいしてかっこよくもないくせに、
ナンバーを上位に上げることしか頭になかった。

いつしか僕は、大嫌いだったナンバーワンホストになっていた。

分厚い札束、最高級のドンペリ。
ロレックス。高級外車。高級マンション。
欲しいものはたいがい手に入った。

僕はあれほど憎んでいた夜の世界に浸りきっていた。
この世界に染まりきり、いつのまにか染める側になっていた。
気がつけば、昔あんなにおびえていた屈辱を与える側になっていた。
テレビにも出てちやほやされて、まさに有頂天だった。

ナンバーワンに昇りつめたのに、僕は変わらず、不安で孤独でみじめだった。
いや、むしろその気持ちは強くなっていた。
突き進めば突き進むほど、
今度はもうフツーには戻れない恐怖がどんどん大きくなっていった。

だからまた逃げることにした。

でも行き場がなくて、やれることもなくて、追いつめられた結果、
独立してホストクラブを作るはめになった。
それでも不安な日々は変わらない。

経営はうまくいかなくて、余裕がなくて以前よりがむしゃらになって。
従業員を雇って面倒な責任が増えて、さらに苦しくて。
バカばっかり集まって、言うことは聞かないし、
思いどおりにいかないし、ほんと面倒で。
面倒で面倒で、めっちゃ面倒で……

でも気づいたら、その面倒が僕の生きがいになっていた。

2004年の中越地震のときには、目立ってやろうという気持ちだけで、
仲間と四〇〇万集めて現地に寄付しに行った。
そもそも不純な動機だから、目立つわけがない。
でも、僕らを待っていたのは、ほんとうの「ありがとう」だった。
避難生活中のおばあちゃんや子供たちからの、心のこもった言葉だった。
それまでは、どうせ俺らホストは何をしても認めてもらえるわけがない、
と思っていた。

でも「どうせホストだから」って、自分たちを色眼鏡で見ていたのは僕だった。
ホストだってよいことをすれば、
ちゃんと「そのこと」を見てもらえるって初めて知った。

この気持ちを仲間たちにも感じてほしいと思った。
「どうせ俺なんてホストだから」って、自分をあきらめる気持ちを
少しでもやわらげて前を見てほしかった。
だから「夜鳥の界」というボランティア団体を作って、
歌舞伎町のゴミ拾いを始めた。
人のためじゃなく、自分たちのために。

いつのまにか、僕はフツーの人たちと一緒にゴミ拾いをしていた。
グリーンバード歌舞伎町チーム。フツーの人の輪の中に僕がいた。
いやフツーも異常も、もうなくなっていた。

僕は僕として、立っていた。

独立して5年。僕は変わらず不安ではある。
でも、孤独でもみじめでもなくなった。

いや、むしろ幸せだ。
がむしゃらでいてよかった。
あきらめないでよかった。

どうしようもない僕とどうしようもないガキどもと、
どうにかしようともがいた5年間。

今もどうにもなっていないけれど、僕は今が一番幸せだ。

だから僕は、もう逃げない。

CONTENTS

CHAPTER 1 今ヂカラをつけろ

CHAPTER 2 勘違い

CHAPTER 3 担う精神

CHAPTER 4

揺れる心

CHAPTER 5 自分をあきらめるにはまだ早い

本書は2009年に刊行された『自分をあきらめるにはまだ早い』(ディスカヴァー)を加筆修正した改訂版です。

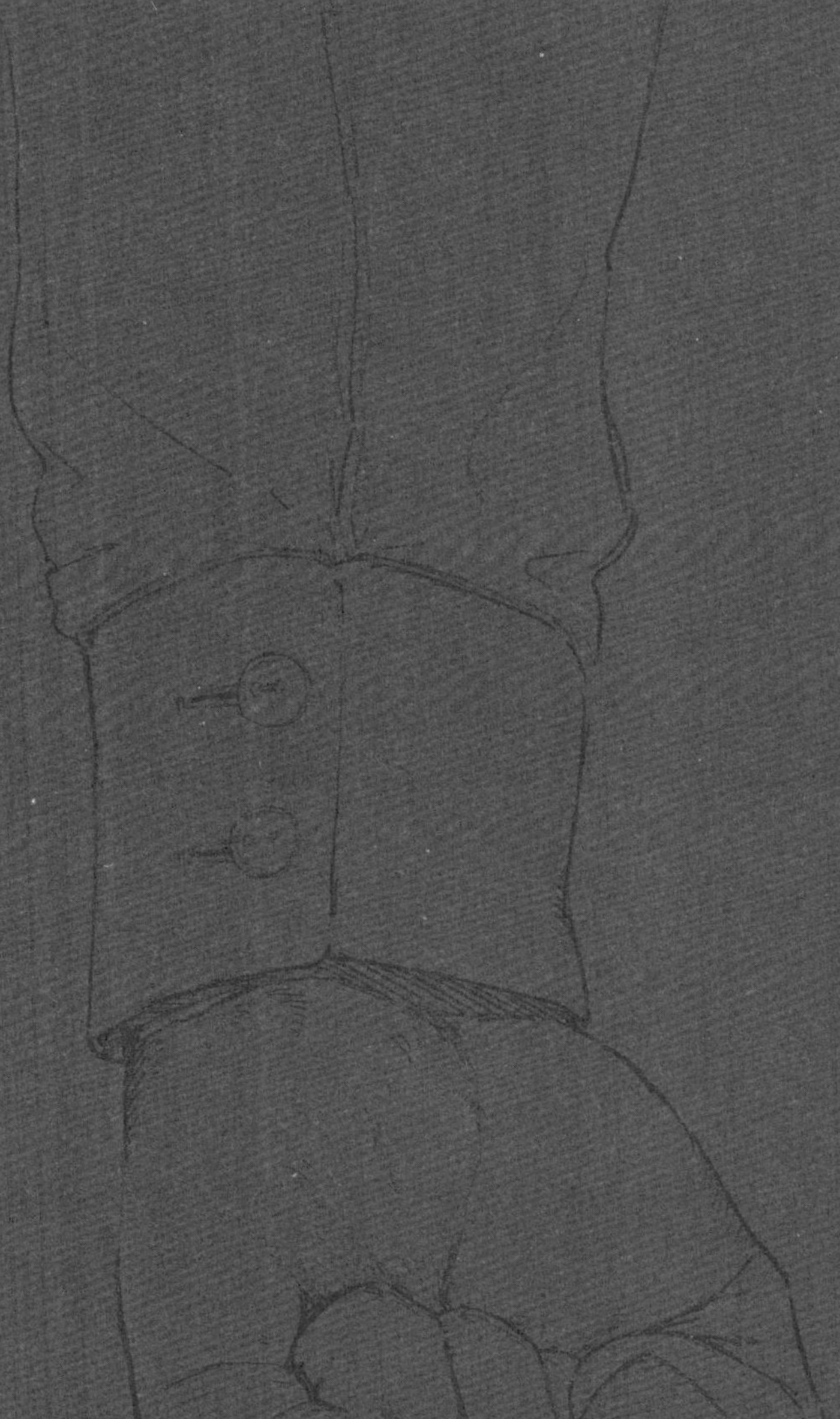

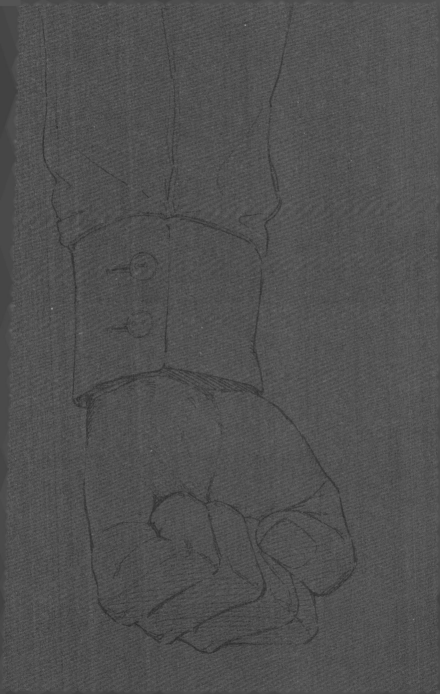

CHAPTER 1

今ヂカラをつけろ

夢を言い訳にするな

新聞か何かで読んだが、子供のころの夢を大人になって実現した人は全体のわずか５％に満たないそうだ。

でも全体の85％以上の人が現状に満足している、
というリサーチ結果が出ているらしい。

その多くは妥協だと思うが、なかには途中で上手に夢を修正して、今にほんとうに満足している人もいるだろう。

でも……


今をサボる口実を用意している人はたくさんいると思う。

たしかに今から甲子園出場はムリかもしれない。

でも、ほかの夢、つまり音楽、デザイン、映像、小説は……。

夢への一歩を踏みだす勇気がなかったことを、
リスクを背負うことができなかったことを、
今をがんばらない言い訳にしてほしくない。

たしかに、夢は95%以上の人がかなえられないかもしれない。
でも、かなえられないかどうかはやってみなければわからない。
だから、ムリしてでもやっちゃえばいいんだ。

そうはいっても、才能やセンスは努力ではどうにもならない。
だから、いざ夢をカタチにして、「やっぱ、違ったなぁ〜」でもいいんだ。
だって95%以上の人は、最初の夢がかなわないのだから。

うまくいかなくてもたまっていたものを消化すれば、夢の修正ができる。
そうわかればまず第一歩を踏みだすことに、全力を注ぐことができるはずだ。
カタチにすることで、第一歩を踏みだすことによって、
生き方はきっと大きく変わる。

遅すぎることは絶対ない。やっちゃえばいいんだ。
夢は言い訳にするもんじゃない。今がんばる励みにするものだ。

夢は願えば必ずかなう。
たとえ全然違うフィールドにいたって、
輝いていれば自然と向こうから寄ってくるから。

僕は、「ほんとうは俳優になりたいけど、
今はお金がないから、いやいやホストをやってるんだ。
だから売上げなんて悪くていい」的な言い訳は許さない。

今やっていることはやりたいことじゃないからがんばれない？
いざその道に行ったら、マジでやる？

そんなことを言ってるヤツは、いつまでたっても自分に言い訳をするだけだ。

今がんばれない人が、
いざチャンスが来たときにがんばれるわけがないのだから。

逃げグセがついていないか？

「自分らしく生きたい」とか、
「俺らしい夢を見つけるまでは」とか、言いすぎ。

個性を伸ばす。なんて生ぬるい教育を受けたからなのか。

そもそも「自分らしさ」なんてまやかしなのに、
「自分らしく」が現状から逃げるための言い訳になってる人が多すぎる。

結果「逃げグセ」がつく。

99.999%の人はクズですから。
何にも才能なんてないですから。

0.0001%奇跡が起きて、才能が開花したとしても、
逃げグセがついてる人には生かせるわけがないから。

がんばり方、わかりませんから。

誰だっていろんなことから逃げて今にいたってるんだから、
もう逃げるのやめましょうよ。

「自分らしく」なんて逃げる言い訳、やめましょうよ。

僕も自分がイチローでもさんまさんでもなく、
何にも才能がないクズって気づいてから、今を真剣に生きてます。

自分がクズってわかったら、あとは昇るしかないっしょ！

今をマジに生きて。
今をマジに生きて。

「今ヂカラ」つけようよ。
「今ヂカラ」がある人は、
絶対人の目を引くし、チャンスの神様も寄ってきますから。
今をがむしゃらに生きて、
そこから初めて勝手に「自分らしさ」は生まれますから。
がんばってる人はみんな個性あるし、自分らしいっしょ！
それがかっこいいんじゃん!!

かっこよくなるために「今ヂカラ」つけよう!!

僕は生きています。
あなたは生きていますか？
僕は死んでいます。
あなたは生きていますか？
生きているのと死んでいるのと、違いは何ですか？
僕は生きています、生きたいです。
生きているって何ですか？
生きているのと死んでいるのと、違いは何ですか？
息しています。
腹減ります。
眠いです。
何で生きているを実感しますか？
僕は生きたい。
生きているって思いたい。
生きているのを実感するために生きています。

二酸化炭素吐いて、
うんこして、
小便して、
ゴミ出して、
食い残しして、
生きています。
生きている意味を持つために、
今生きています。
すべてをムダにしないために。
誰もがそのチャンスをもらっています。
誰もが生きている意味をもらっています。
生きてください。
ムダにしないでください。
生きてください。

ぜんぶ、夢中になれ

僕は働いたことがない。

というか、働くという感覚がわからない。
これは仕事。これは遊び。なんて器用に分けられない。
上手に分けて、メリハリをつける。
なんてことをよく聞くが、僕にはできない。

ストレス解消は何ですか？　と聞かれれば、
「今かかえてる問題を一歩でも解決に近づけること」と昔から答えていた。
お店でイヤなことがあれば、たとえ海に遊びに行ったって、
仲のいい友達と飲んでいたって楽しく笑えない。
気持ちの切り替えができないのだ。

歌舞伎町の有名ホストクラブで、僕は7年間「手塚真輝」という源氏名で
自分という商品を売っていた。

売れるか売れないかは、まさに自分次第。結果はすべて自分に返ってくる。
毎月、ナンバーワンになればたくさん給料がもらえて、
売れなければ給料なんてほとんどもらえない。結果が早くて明快だ。

でも僕は、店から罰金とられるから絶対に遅刻しないとか、
売れたらたくさん給料もらえるからがんばろうとか
そんな気持ちではまったくなかった。

損とか得とかじゃなくて
小学校のときに好きだったかけっこや、
中学のときにゲーム感覚で夢中になった受験勉強や
高校のときに没頭したラグビーと同じ感覚だった。
うれしいこともイヤなこともぜんぶ含めて、夢中になれた。

仕事とか遊びとかを上手に分けられる人だって、

「よく遊んだからよく働ける」というなら
その「遊び」は「働く」の一部でもあるんじゃないか。

遊びから仕事になることもあるし、仕事から遊びになることもある。
楽しいことが遊びというなら、仕事だって楽しいときもある。
遊びでも、プライドを傷つけられたりしてストレスをためてしまうこともある。

結局、よく遊ぶこともよく働くことも「夢中に生きる」ことなんだと思う。
遊ぶときも働くときも同じく時間は流れる。
ぜんぶ自分の生きるラインの上にある。同一線上の話なのだ。

仕事だって、遊びだって、
よく笑って、よく怒って、よく泣いて、よく食べて、
よく生きよう。

正論だけど、つまらないときは

僕の目下最大の悩みは「組織運営」。
自慢じゃないけど、僕は就職したことがないし、
従業員たちもほぼ全員がバイトか水商売しかやったことがない。
だから、会社みたいな組織運営の仕方っていうものがわからない。
本気で事業拡大をめざすなら、今のまま体育会か男子校みたいに、
「やるぞー！」「はいっ」というノリでいいんだろうか。
楽しいし盛りあがるし、新しいスタイルだといえばそれまでだが……。

1年ほど前に、それについてしみじみ考える機会があった。
ホストは寛大な職業だ。
別にかっこよくなくても、若くなくても、酒が飲めなくても、
本人のやる気さえあれば、今日からでもホストだ。
サラリーマンあがりの男も、五十代の中年男もＯＫ。

ある日、びっくりするような経歴の男が面接にやってきた。

有名大学出身。ホスト業界に入りたくて、誰もが知る大企業を辞めてきたそうだ。
入店した彼の活躍ぶりには驚いた。
さすがまっとうな会社生活を経験しているだけある。
部活の延長みたいなうちの店に、
組織の効率化や拡大へのステップなど地図を描いてくれた。
まともなオトナがいない僕らの店では、とても新鮮だったし、
店としてもムダな経費が減って、売上げが伸びる仕組み作りだった。

だが……なんとなく雲行きが怪しくなってきた。
ほかのメンバーとの温度差が激しすぎるのだ。
彼の言うとおりに店をシステマチックに改革すればするほど、
彼とみんなの溝は深まっていく。
「わかるよ、お前の言っていることは正しい。
だけどみんなで一緒にやるのが、俺らの目標だから一人でつっぱしらないでくれ」
何度も彼にそう伝えた。

だが彼はどんどん先に行ってしまい、みんなはついていけなかった。
会社を大きくするのなら多少の犠牲もしょうがない。
できない人間は置いていく……。
ゲームの攻略本を与えられたような感じだった。
大変なことでも楽しむ主義なのに、当時の僕は楽しくなくなっていた。

店を大きくしていくためには、彼は必要だ。
僕は店が大きくなった未来を想像してみた。
何だか僕は笑っていなかった。楽しそうではなかった。

そもそも、どうして組織を大きくしたいと思ったのか？
それは、みんなにやりがいのある仕事を与えて、
仕事の充実感や達成感を味わってほしかったからだ。

現役ホストでいられる期間は限られている。まさに、花の命は短いのだ。

だから次はマネージメントを楽しめるようになってもらいたい。
それで、組織を大きくしてそれぞれに責任とやりがいのある仕事を増やそうと思った。

「みんなで楽しみながら成長する」
「その過程を楽しむ」というのが僕の目的だった。

結局、彼は店を去って行った。
僕に「経営の勉強をもっとしたほうがいい」と言い残して。

攻略本を見ながら近道することに目がくらんではいけない。

店が大きくなる時期が多少遅れてもいい。
彼を引きとめなかった僕はバカかもしれない。
でも、バカでも能天気でも一緒に楽しく叫べる仲間たちと、成功したい。
みんなで成功したい。みんなで成功を分かちあいたい。改めてそう思った。

そう、それが僕の「芯」だった。

なまけてるスタッフに、僕はよく言う。
「最初にどんな気持ちで面接に来た？　どんな気持ちで初出勤した？」

初日の気持ち。

それがみんなの「芯」のはずだから。
その気持ちがたくさんの苦労やたくさんの屈辱を我慢させたはずだ。
最初の気持ち＝「芯」から逃げちゃいけない。

「芯」からの矛盾を許しちゃいけない。

悩んだら、笑えるほうを選ぼう。それが「芯」のはずだから。

「自分の中に芯を持て」

ぶれない。まどわされない。芯を持とう。

それ以外は
笑ってすますそう。
たいしたこと
じゃない。

キムタクを
めざすな

キムタクは何でも無難に肩の力を抜いてこなす。
7割の力にして全力で突進してくる敵を倒す。
何かダントツに秀でるのではなく、すべてのことを無難にこなす。

仕事も遊びもカンペキで、誰が見てもかっこいい。
そのスタイルでいることが、キムタクという職業なのだ。

僕ら凡人は見間違えちゃいけない。聞き間違えちゃいけない。

彼は長年、キムタクという職業において、
ダントツナンバーワンでいるための見えない努力をしつづけているのだ。

ナンバーワンじゃなくて、オンリーワンって言えるのは
その努力のうえでナンバーワンでいるからだ。

僕らは誰も、「職業キムタク」ではない。
僕らは誰も、彼のように努力していない。

キムタクは真剣に「キムタクらしく」いるのだ。
そんな彼を表面だけで判断して、
「俺は俺らしくいればいい」なんて手を抜いてはいけない。

僕らは「俺は俺らしく」に真剣なのか？

成功体験より真剣体験

真剣に遊べないヤツは仕事も真剣にできない。それが僕の持論だ。
真剣に働け！　と怒ったって誰も耳を傾けない。
だから僕はスタッフをめったに怒らない。

でも、こと遊びに関して真剣にならない子にはマジでキレる。
飲み会でも、フットサル大会でも、社員旅行でも。
みんなもリゾート地に行ってまでキレられたらたまったものじゃないだろう。
でも真剣にふざけない子には、僕は本気でキレる。

みんなで遊ぶときはみんなで楽しくしようとしないとおもしろくない。
誰か一人でもつまらなそうな顔をしているだけで
全体の雰囲気が悪くなる。
僕がそいつにキレればもっと雰囲気は悪くなる。
でも、僕はキレる。たいがい、そういう子は仕事も真剣にやっていない。

「自分のスタイルはこういう感じなんで〜」

と、「自分らしさ」を間違ってとらえて自分の中途半端さを正当化する。

そして、真剣にやることから逃げる。

真剣に仕事をすることをかっこ悪いとバカにし、

うまいことこなせば結果が出るだろうと思っている。

僕は仕事ではキレない。

上司である僕が仕事でキレても、

どうせ自分のため、自分の店のためだろう？　と、耳をふさがれることが多い。

だからこそ、遊びのシーンで僕はキレる。

遊びでもいい、まずは真剣体験をしてほしい。

真剣にやったことにしか、ごほうびはないと思うから。

「真剣にふざけろ」が高じて、僕らは第3回全日本コール選手権に出場した。

全日本コール選手権とは、全国有名大学サークルが飲み会の席で使う一気コールのおもしろさを競う大会だ。

みうらじゅん、浅草キッドの解説でも有名だが、ルールも判断基準も特にない、ほんとふざけたイベント。

ただ、それに出場している学生たちはみなマジだ。


第2回大会を見た僕は、この、まさに「真剣にふざけろ」を絵に書いたような大会にほれこんで次の大会の出場を直訴した。

本来は大学生のためのイベントだが、僕らは社会人枠で出場。

ふだん仕事で使っているシャンパンコールを制作サイドに見せることで72チーム参加の予選は突破した。


それから僕らの猛練習が始まった。

メンバーはレンジ、せいや、めざし、愛海、次郎丸。

「学生なんかに負けるわけにはいかない。お前らはプロなんだから」

僕は、そう言って聞かせた。

しかし、彼らの本業はホスト。日々の営業がある。
なぜコール選手権に必死にならなければいけないのか？
当然ながら疑問を持つ彼らに、
「勝てばマスコミに取材されるぞ」とか、
「指名客が増えて給料上がるよ」とか、
「ボーナス出すから」とか、
僕はあれやこれやとおいしさをあおって猛練習させた。

本番3日前からは合宿。

一日中練習だ。

「アゴ引け！」

「目線が違う！」

「笑顔を止めるな！」

まるで体育会だ。響く怒声、全員汗だく、思考能力停止。

「体で覚えろ！」

もう、わけがわからない。


そんな日々を経て大会当日。

僕らは初戦でダントツの優勝候補と当たることになった。

組み合わせ発表後、僕も含めて全員一瞬下を向いてしまった。

すると沈黙の中、せいやが叫んだ。

「自信持てよ、あんなに練習しただろ。ぜってー優勝するよ」


やりつめたことが自信につながるんだ。

真剣に練習したから胸張れるんだ。

汗かいたから逃げないんだ。


舞台袖のみんなの男らしい顔を見て、僕はもう満足だった。

戦いは終わった。
僕らはすべてを出し切った。
そして負けた。
しかし、真剣きわまりないコールの猛練習の日々は自信のほかにも、
かけがえのないものを僕らにくれた。
大会当日の胸の高鳴り。
極度の緊張。
アドレナリン全開の興奮。
真剣に練習したからこそのごほうびだ。

大会後、めざしがこんなことをブログに書いていた。
「マキさんに口うるさく言われてマジむかついたけど、
今となってはいい経験だ」

やってよかったと思った。

正直、やる前にみんなをあおったおいしさは何もなかった。
僕自身、そんな実益につながるなんてほんとうは思っていなかった。
でも、みんなに感じてほしかった。

真剣にふざける楽しさやおもしろさを。

成功体験が大事だってよく言われる。
成功者の話を聞けるセミナーや成功の法則が書かれた本はいつも大人気だ。
でも、成功体験の前に一生懸命やる経験をまだしていない人が多いんじゃないか？

真剣にやった先にしか成功はないのではないか？
真剣にやらないで得た成功に何のおもしろみがあるのだろうか？

仕事でも遊びでも何でもいい。
まずは真剣体験からだと思う。

CHAPTER 2
勘違い

「好き間違い」をしていないか？

「好きなことをやる」と、
「好き（勝手）にやる」を勘違いしてはいけない。
苦い過去を思いだすたび、僕は自戒を込めてスタッフに言い聞かせる。

今でこそ、うちのグループはホストクラブやバーを経営している。
だが、僕が独立して初めてホストクラブ、smappa《スマッパ》！を開業したときは……。

当時の僕に、経営者としての自覚はまったくなかった。
追いつめられて店を出したぐらいだから、ビジョンも何もない。
ただテキトーに、楽しく、自由にやれればいい。
だから、オープン当初に集まってくれたホスト志望者たちにも
「お前らがホストとして好きなこと、やりたいことを好きにやっていいから」
なんて、無責任なことを言った。

結果、めっちゃいいかげんな店ができあがった。

服装もスーツって決めなかったせいで、バラバラ。
お金払いはよいが気むずかしいお客さまより、
自分が話してて楽しいお客さまについていってしまうという非常識な接客。
遅刻、無断欠勤は当たり前。
営業後はみんなで酒飲んでカラオケ大会。
当然、お客さまは減り、経営は傾く一方だった。

何かおかしい。
僕としては、みんなのやりたいことがうまい具合に化学反応を起こして
新しいタイプのホストクラブができあがるんじゃないかと期待していた。

甘かった。
1年ほどめちゃくちゃな状態が続き、店がつぶれる一歩手前で、
僕はようやく悟った。

これは、「好き間違い」だ、と。

一番大切な「好きなこと、こうありたいと思うこと」をないがしろにして、別の部分まで好き勝手にやってしまっていたのだ。

僕がほんとうに言いたかったことは「好きなことをやる」を存分に全力でやってくれ、ということだ。何でも「好き勝手にやる」ではない。

その日から、僕は頭を切り替えた。

服装も勤務形態も接客も自分が好きなようにやれよ、なんて言葉は全撤回。

一流のホストになりたいんなら、やることやれ！

好き間違いするな！

経営者のくせに誰よりもいいかげんだった僕がそんなことを言いだしたから、
みんなびっくりしていた。

でも、そこだけはぶれてはいけない。
好き勝手にやることは、結局「好きなことをやる」ことを台無しにしてしまう。

そして一番の問題は
自分の「好きなことをやる」を台無しにするってことは、
自分自身を否定することと同じだということに気づいていないことだ。

スマッパ！は「好き間違い」を改めてからもしばらくは迷走を続けた。
でもだからといって、僕はもうぶれなかった。
地道に働きつづけた。
その結果、お客さまも徐々に増え、経営は何とか立ち直ったし、
2年後には新しい店を出すこともできた。

「好きなこと」「やりたいこと」をぶれずに思いつづけ、やりつづければ、応援してくれる人は徐々に出てくる。

やりつづける、思いつづけることのエネルギーが人を集める。

そしてそれは一人ではかなえられない。

誰が「好きにやる」ヤツの応援をしてくれるだろうか？


ぶれないで「好きなことをやる」を続けて結果がついてこなければ、僕が責任を取る。

「好きなことをやる」を全力でやって結果に結びつけてあげることが僕の責任だし、役目だ。


器用に何でもこなせるようになる必要なんかない。

自分の「好きなことをやる」をぶれずにやりつづけることでしか、成長はないんじゃないだろうか。

「なんかやることやった感」

時間のムダづかいしてない？
自分のムダづかいしてない？
今日のムダづかいしてない？

なんかやることやった気がしてない？

成長した？
なんもしてなくない？
なんかやることやった感。
こいつはほんと罪なやつ。

#「ラク＝楽しい」じゃない

最近流行のキーワードは「効率」とか「ムダを省く」とか。
要は、「ラク」ってことだ。
ラクってことは簡単ってこと。
簡単に稼げる方法。簡単に試験に受かる方法。簡単に起業できる方法。

ところで「楽（ラク）」と「楽しい」って、なぜ同じ漢字を使うのだろう。
僕は反対だ。そこから勘違いが生まれる。
僕にとって「楽しい」ことは、絶対「ラク」なんかじゃない。
それどころか、苦しい。

中学時代、寝る時間を惜しんだ受験勉強も、
高校時代、体を痛めつづけたラグビーも、
ホストになってから限界までやり抜いたナンバーワンの座の死守も、
星の数ほどホストクラブがひしめく歌舞伎町で胃痛に耐えながら店を経営する今も、
いつだってめちゃめちゃ苦しい。

じゃあ、なぜ途中でやめなかったか？
苦しいけど楽しかったからだ。

そのときはほんと苦しかった。
なんでこんな苦しいことをやらなければいけないんだ？　と自問自答の日々。
でも、やり切って時間がたてばたつほど、その苦しさは心の充実感で満たされる。
そして楽しい思い出になる。
振り返って、充実感で満たされることが「楽しい」なんじゃないだろうか。

「ラク」にできることをやって、誇れるのか？
「ラク」に手に入れたものを大切に思えるのか？

攻略本を読みながらゲームをクリアして楽しいのか？

親のベンツを乗りまわして楽しいのか？

「苦しい」と書いて「たのしい」と読むくらいが、
今の時代ちょうどいいのかもしれない。

自分の運を削るな

朝のテレビの占いで僕の星座の乙女座が1位になると、何だか損した気分になる。
時間つぶしに入ったパチンコ屋で勝つと不安になる。

運を削ってしまった感覚。

どっちでもいいことに運を使ってしまった感覚。

まったく逆のことを言う人のほうが多いが、
僕は「運」は限られたもので、使えば削られるものだと思っている。
思っているというか、思うようにしている。
人まかせな、他人の手のひらの上で踊らされるような、
ほんとうは勝負していないのに勝負しているような勘違いをしてしまわないためだ。

これは、うちの店の子たちにも言っている。
スロットの機械と戦ってるような感覚、自分の運と戦ってるような感覚は錯覚だ。

勝負する相手が機械だと思ったら大間違い。
パチンコ屋に足を踏み入れた時点で、パチンコ屋には負けてるんだ。
勝つも負けるもパチンコ屋の気分次第だ。
勘違いの、虚像の勝負をして楽しいか？

自分の人生で毎日勝負したほうが何百倍も実感が持てるだろう。
負けたときも悔しいし、勝ったときも何倍もうれしいだろう。
人生はまさにギャンブルだ。

成長する運と成長しない運。
運には、その2種類があると思う。

成長する運とは、その運を使った結果、自分が変われるもの。
成長しない運とは、その運を使った結果、自分が変われないもの。

「成長する運」で勝つ人こそが、運がいいと言われる人だと思う。
成功者と言われる人だって、その過程でたくさんの運を使っているはずだ。

たとえば、大事な打ち合わせの日に晴れた。で、うまくいった。
大きな商談の相手にたまたま今日子供が生まれた。で、うまくいった。

それだって運のはずだが、うまくいった結果、「実力」と言われる。
でも、どの人もみんな「僕は運がよかっただけです」と謙遜する。

運を使って、今日と変わらない明日を過ごすのならば、
その運に何の意味があったのだろうか。

単純に運と時間を使っただけの一日に、
何の意味があるのだろうか。

Win-Winを信じるな

ライト兄弟を知っているだろうか？　飛行機を発明した人たちだ。
今の時代に、彼らが当時の技術で飛行機を飛ばそうとしたら、絶対止められるだろう。

当時、周りは否定したのか応援したのかはわからない。
でも、彼らは飛ばした。
飛行機を飛ばした結果、彼らは多くの人を幸せにした。

僕らは「あら探しの時代」に生きている。
他人の問題や欠点を指摘することばかり。

力強く自分の主張を掲げる人よりも、
自分の主張はなく他人の主張のあら探しをする人のほうが断然多い。
テレビの評論家もほとんどが批判家ばかりだ。肯定家なんて全然いない。

そんな「あら探し」の時代、声を張ることは勇気がいる。

あら探しされないように、体よくＷｉｎ－Ｗｉｎ的なことを言わなければならない。
誰も損をしない契約とか、お互いに得をする提携とか、
欠点も問題もない、いわゆるＷｉｎ－Ｗｉｎの関係ってやつだ。

僕も外部の人間に幾度となくＷｉｎ－Ｗｉｎ的なおいしい話を持ちかけられて
乗ったことがある。はっきり言って、ほとんど失敗した。
自分の意思がそんなに強く固まってないのに、わずかなＷｉｎを得ようとしたからだ。
誰も損しないはずのＷｉｎ－Ｗｉｎだけど、
そこに情熱がなければ、主観がなければ、成功なんてあるわけがない。
失敗しても反省にもならない。ただの損しか残らない。

飛行機は飛ぶんじゃない。飛ばすんだ。

みんなが「危険だ」「無謀だ」「前例がない」と言っても、
確固たる自信を持って「やるんだ！」と

言いきれる主観を持つべきなんじゃないか。

「やってみなけりゃわからない」じゃ無責任に感じるだろうけど、
逆に、「やってみたらわからせられる」という強い思いを
まず持たなければ。

その結果、成功するヤツが3割、失敗するヤツが7割となってしまうかもしれない。
でも、それでもやらなければ次につながらないし、おもしろくも何ともない。
ずっと同じところで足踏みだ。

あら探しされてもぶれない「やるんだ」って気持ちを持ちたい。

僕らは幼いころから主観を否定される社会で育ってきた。
他人の意見と違うだけで、仲間はずれにされたり、自分勝手扱いされて、はじかれる。
みんな自分の主観を持つことを、はなからあきらめてしまっている。

だから、Ｗｉｎ－Ｗｉｎなんて発想がはやるんだ。
最初からそんな逃げ道を作るような考えは捨ててしまおう。

まずは主観を持つことから始めよう。

やる前の否定に数倍勝るような、やってみてよかったことを示せばいいだけだ。
やる前には誰も想像もつかなかった産物が絶対出てくるはずだ。
結果、Ｗｉｎ－Ｗｉｎに自然になるだろう。

他人のＷｉｎを考える余裕があるなら、
もっと自分のＷｉｎを強くしよう。

あら探しする社会に負けるな。

あるべき姿に
振りまわされるな

追いつめられたすえに、ホストクラブを作った僕。
勢いだけでどうにかなるほど経営は簡単なものではなかった。
ホストとしてはこの世界のことをわかっているつもりだったが、
経営側に回ったらまったく違う仕事を始めたような感覚だった。
不動産契約から始まって、各業者との折衝はとまどうことばかりだった。

そして初めての社長業。
今までもナンバーワンとして、後輩ホストたちを引っぱってきたつもりだったが、
そのときとはまったく違うプレッシャーだった。
責任をリアルに感じるのだ。
以前の僕は、しょせん自分優先のリーダーでしかなかったのだろう。
でも、今度は店のすべてが自分に返ってくる。このプレッシャーは相当大きかった。

どうすればいいんだ……。
あせった僕は完全に虚勢を張った。

世間一般で言われる理想のリーダーのようにふるまわなければいけないと思った。
力強くかっこいい言葉でみんなを鼓舞して、ぐいぐい引っぱっていくような、
人脈があってあらゆる業界に知り合いがいて、
いつも自信に満ちあふれていて、みんなに頼られるような、カリスマ的リーダー。
「俺についてこい」的な、男らしいリーダー。

リーダー論的な本もたくさん読んではまねをして、
人脈も広げなければ、とあらゆるパーティに顔を出して。
そういうことをしなければいけないと思っていた。
外では愛想笑いを振りまいて、他人と接して、
内では借り物の言葉を使い虚勢を張って、みんなに接していた。
みんなについてきてもらえるように、自分を大きく見せようと必死だった。
苦しかった。うまくもいかなかった。
そして1ミリも楽しくなかった。

理想としていた社長像に、僕はなれなかった。

社長になってよくわかったが、
僕はそういうカリスマ的な人間ではなく、フツーの人間だ。

だからと言って、社長業を辞めるわけにはいかない。
カリスマ的リーダーになれないなら僕は何をするべきか考えた。
本来の目的を真剣に考えた。
そしてカリスマ的リーダーに僕がなることよりも、
結果としてみんなをよい方向に生かすことが僕の役目だと気がついた。
カリスマ的リーダー像を求めるばかりに、ほんとうの自分の役目を見失っていた。
みんなをしっかり先導することが僕の役目で、社長業だ。

僕はまず自分に素直に話しかけた。

俺は、どうしたいのか？
そしてみんなに素直に自分の気持ちを言うようになった。
ムリに大きく見せようとせず、ただ素直に話すようにした。

より大きく見せるんじゃなくて、
より大きくなろうとしている姿を
見せることが大事なんじゃないか。
過去を感じさせるんじゃなくて、
未来を感じさせることが必要なんじゃないだろうか。

ムリに虚勢を張るよりも、社長業という一つの仕事として考えようと思った。
ムリに人脈を広げなくてもいいし、カリスマぶって強がらなくていい。
みんなに必要なのはかっこいいリーダーでもないし、まやかしの未来図でもない。
彼らの未来をほんとうに切り開いてくれる人間だ。
僕はフツーの人間として社長業をやろう。

そう思って、虚勢を張るのをいっさいやめた。

ひょっとしたら、それができたのは、
ずっと近くにいて一緒にやってきてくれたヤツらに対する信頼が
生まれたからかもしれない。
「俺についてこい」的な、自信満々のリーダーでなくても、
こいつらは僕とずっと一緒にやっていってくれるんじゃないだろうか。
そう思える仲間が少しずつ増えていったから。

でも強がるのをやめなければ、そのことにも気づけなかった。

今、僕はフツーの社長として何とかやっている。
理想としていたようなカリスマ的リーダーには程遠いが、何とか店もつぶれていない。
そして、ムリしてないから毎日が楽しい。

「こうなりたい」よりも「こうあるべきだ」という、
わけのわからない価値観を自分に押しつけると、
結局はそれに振りまわされて失敗する。

ムリするなら、納得してムリしよう。
思い込みで自分にムリじいすることは完全に間違いだと思う。

だから自分に問いかけよう。
それ、おもしろい？　楽しい？

「テレビの向こうにお茶の間がある」

笑わす人がいて、
笑ってる人がいる。
怒らす人がいて、
怒ってる人がいる。
泣かせる人がいて、

泣いてる人がいる。

僕はそれをながめる関係ない人。
テレビの中のお茶の間を、
ただながめている傍観者。

鏡を見て、驚いた。
こんな顔してたんだ俺。

「なんで？」を繰り返す

世の中に存在するものにはすべてに理由がある。
それぞれが意味を持って存在している。
その一つ一つがどんな意味を持つかすべて把握している人はいないと思う。
でも、どうにか世の中は回っている。
そして自分の身の回りの一つ一つの意味をわかっていなくても
どうにかしてくれる世の中でもある。

はたしてそれでいいのだろうか？
あとから愚痴を言わないだろうか？

僕もそうだったが、子供はみんな「なんで？」と何にでも理由を求める。
なんで空は青いの？　なんでおなかが減るの？　なんでおじいちゃんは白髪なの？
なんで？　なんで……？

大人になるにしたがって、みんないちいち理由を考えなくなっていく。

きっと何かしら理由があるんだろうなー。
まあ、自分が理解してなくてもいっか。
自分では納得できないことが多くなっていって、人に聞くのも恥ずかしくなって、
でも、やらなければならないことが増えていく。
「なんで？」と考えること自体、時間のムダのようになっていく。

いつのまにか自分のなかで上手に「なんで？」を
スルーしていくようになる。

だからこそ、僕はあえて「なんで？」を意識しようとしている。
納得のできる答えがないかぎり、たずね、考えつづける。

うちの店では、売上げ成績によって出勤時間が違う。
もちろん売上げ成績がよい人間ほど出勤時間は遅くなる。

結果的に、開店前のそうじ担当は成績が悪い子たちだ。
そのときに、僕は床そうじをあえてぞうきんがけでやらせている。
横着にもぞうきんを踏みつけて足でそうじをしようとする子がいるが、それはダメ。
足でやるのはたしかに効率がいいけど、僕は絶対に「手で拭《ふ》け」と言う。

「なんで？　なんで手で拭くんですか？」

僕がどうして「手で拭く」ことにこだわるのか、
みんなには「なんで？」って、疑問を持ってほしい。

その理由は自分の中にある。
理由なんて考える人間の数だけある。
自分の出した答えこそが、正解だ。

自分で拭けば汚さないように気をつけるから、とか、

足で拭くよりキレイにそうじできるから、とか、
屈辱を味わい、売上げアップへのやる気を高められるから、とか。
考えれば、いろいろある。

でもただ言われるがままに「はい、拭きそうじします」で終わってしまったら、
そこでストップだ。
なんの成長もない。
自分の行動にどんな意味があるのか。まずは考える。
自分の理由を持って納得して行動してほしい。
納得いかないなら、僕に文句を言えばいい。

あとから愚痴を言わないように。
その一歩を強く踏みだすために。
自分の理由をしっかり持って。

子供のときは理由を人に聞いた。
大人になったら自分に聞こう。
自分でわからなければ人に聞こう。
理由を求めることから逃げてはダメだ。

「拡げる」ことが目的になっていないか？

「ああ、○○社長、俺、知り合いだよ」

「タレントの△△としゃべったことある」

「ミシュランの三つ星の店、この前行った」


社長になったばかりのころ、僕は「拡《ひろ》げる」ために必死だった。

異業種交流会とかマスコミの会とかにせっせと顔を出して、いろんな人と知り合い、人脈作りに励む毎日。

ある日、もういいやって思った。ちっとも楽しくない。


セレブのパーティに行っただけで自分の格が上がったかのような勘違い。

媚《こび》を売って誰かと仲よくなって、そいつのいないところで「○○と知り合いだよ」と言っては、かえって自分の格を下げていた。

恥ずかしい話だが、「拡がったらどうにかなるだろ」的な考え方だったのかもしれない。

本来は誰かと知り合った結果、
何かを学んで自分の身になっていくことが目的のはずなのに、
いつのまにか「拡げる」ことが目的となっていて、
気がつけば、何もなかった。からっぽだった。
見た目は大きいけど、つつくとすぐ破れてしぼんでしまう風船みたいに。
あのころの僕も含めて、
中身を見ないで表面ばっかりほめたたえる風潮が強すぎる気がする。

「〇〇と知り合いだよ」なんてわざわざ言いふらす必要はない。
その出会いが意味のあるものかどうか、
答えは、すべて自分の中にある。
出会ったことに意味があるのではなく、出会って自分がどう変わるかが大切だ。

ただ「拡げる」ことに意味がないなら、僕は何をすべきなんだ？

そう考えたすえ、僕はたどりついた。

人にすり寄っていくんじゃなくて
人が寄ってくるような人間になることをめざそう。

CHAPTER 3

担う精神

パン屋になれ、日本を担え

唐突にパン屋になれなんて言われてもきっとわけがわからないだろう。
これは僕がミーティングでスタッフに何度もしている話だ。

戦後の焼け野原の日本では、どんな職業もゼロからのスタートだった。
国自体が機能していないんだから当然だ。

だからどの職業につく人も、いわば「担《にな》う精神」があった。

自分こそが、何もないこの国の大工を担ってる。八百屋を担ってる。
銀行を担ってる。パン屋を担ってる。

そんな使命感があった。

戦後の日本のみんなの「担う精神」が
今の日本を作った。

でも戦後70年たって、日本はできあがってしまった。
すでに八百屋も大工も銀行員もパン屋もいる。
それに、たいがいの仕事をコンピューターが代わりにしてくれるようになった。
システム化して、誰が何をやろうと
何も変わらないように思わせる社会になってしまった。

自分じゃなくても誰かがやる。
できあがったシステムの中で
自分はただ歯車になるだけだ。

そんなヤツは歯車にもなれやしない。
周りに迷惑をかけるだけだ。

どんな仕事だって「担う精神」がなければその先はないと思う。
うちの店でもそうだ。いつまでたっても結果が出ない子は、「誰かがやるだろう、どうせ俺なんか……」と言って何もしない。

先輩が担ってるわけじゃない。
ナンバーワンが担ってるわけじゃない。
俺が担ってるんだ。

そう思えるヤツにしか結果は出ない。
背負うか背負わないかは自分次第。
どんな場所でもどんな小さなことでも、担うことはできる。

極論かもしれないが、
今の日本を作ってくれたのは戦後のみんなの「担う精神だ」と思う。
今だって一緒だ。

僕たちは日本の一員だ。
どこでも、どんな仕事でも今を一生懸命「担う」ことが僕らにとって大事なことだ。
それはすなわち日本をよくしようとすることなんだ。
日本を担うことなんだ。

「どうせ俺なんか」なんて言わず、日本のために担ってみないか？

責任重大だ。
極端かもしれないが、自分のためにがんばることから逃げてしまうときには
日本のためにがんばってみないか。

僕らホストの仕事は、まさに人間対人間。
人間だからできること。
人間にしかできないこと。
そこを突きつめることが僕らの日本を担っていることだと思って、僕もがんばる。

「お前ががんばらなければ、日本がダメになる。責任重大だ」

そんな飛躍したことを、僕はミーティングのたびに言っている。

みんな「は〜?」って顔をするが、僕は大マジだ。

担われるんじゃなくて、
担う人には、自分でなるんだ。

ぼくのための君のためのぼくのこと。
きみのための僕のためのきみのこと。
ぼくのため。
きみのため。
ぼくのため。
ぼくのこと。

今日も明日も、ぼくのこと。
雨でも晴れでも、ぼくのこと。

きみのための、ぼくのこと。
ぼくのための、きみのこと。

きみがぼくで、ぼくがきみ。

ぼくのための、ぼくのこと。

アウェーで
戦え！

「自分に向いている」って何だろう。
「自分に向いていない」って何だろう。

それを判断できるほどの自分なのだろうか？
これは自分に向いているって気づくほど、やりつめたことがあるのか？

最近「強み」や「長所」を心理テストやチャートで
あらかじめ知って伸ばそうという本や考え方がはやってるらしい。
ムダなく近道ができるってわけだ。
なるほど、人生なんて一度きり。
自分の長所と仲よく歩いていかないと、へこんだまんま終わってしまう。
それはたしかだ。

だが強みってものは、いろんな壁にぶち当たって、
自分で気づいていくものなんじゃないだろうか？

たしかに遠回りすることはあるだろう。
でも、向き不向きなんてやってみなければわからないし、
やりたくないことをやることにも意味がある、と僕は思う。
だけど、好きじゃないからとか、向いてなさそうだからって辞めてしまったら？
そいつは自分の可能性や未来にふたをしたことにならないだろうか。
あと少しがんばったら、才能が花開いたかもしれないのに。

僕をホストに没頭させたのはそんな気持ちだった。
ニコニコ笑うのも、人と楽しく話すことも苦手だし、
気もきかないし、酒だって強くない。
機嫌もすぐ顔に出てしまう。
ホストに一番向いてないタイプだ。
だけど、僕はホストクラブで生き抜く、いや勝ち抜くと決めた。
理由は、アウェーだからだ。

最も向いてない世界《アウェー》だからこそ、
ここでナンバーワンを獲ったら何だってできる。
どんな夢だってかなえられる。

そう呪文のように言い聞かせてがむしゃらにやってきた。

最も向いていないこの世界で自分がナンバーワンになったら、
僕はどんな自分になっているんだろう、と
想像もつかない自分の未来に期待することだけで気持ちをつないでいた。

念願のナンバーワンがとれたとき、
僕は酒もトークも気くばりも今までどおり苦手だった。
酒がものすごく強い先輩、トークがめっちゃおもしろい同僚、
超かっこいい後輩……。それぞれの分野でダントツのホストは何人もいた。

でも、僕は平凡な男だ。
すべての分野で突出したところがないから、すべてにおいて全力でやった。
少し成績が上がっても、胡座《あぐら》をかかず出勤しつづけた。
飲めない酒も飲みつづけた。結果、総合力で僕が一番になった。

向いてないことをやるのは大変だからイヤだ。
ラクだからやる、ラクじゃないからやりたくない。
それってなんか違うんじゃないか？

向き不向きを知る最高の方法。
それは、気が進まなくても体当たりしてやってみること。
やりきること。

ほんとうは向いていないことをやりつめて極めたときの自分は、
どんな自分になっているだろうか。

それは向いていることになるのか？
いや、ならないかもしれない。
でも、やりきったときに得られるものは、
向いているものをやりきったときとは比べものにならないくらい大きな財産だろう。

ムダの中にこそ、大切なものが隠れている。

死ぬ日を決める

生まれる日。
死ぬ日。
生まれた日はみんな大事にする。
占いだったり誕生日会だったりで、みんな気にする。

自分以外の人間が死んだ日は大事にするのに、
自分が死ぬ日について僕らはあまりにも無関心すぎる気がする。
それは不確実だからか。
でもそれは必ず訪れるし、自分にとって人生で最も重要な出来事の
二つのうちの一つだ。

不確実だから真剣に考えなくていいのか?
絶対に訪れる大イベントをそんなふうに軽視していいのだろうか。
ただそれはいつやってくるかがわからないだけであって、避けられはしない。
今日生まれたわけではない誕生日を、

毎年節目だからといって騒ぐほど生まれたことを大事にするのなら、
死ぬ日のことも同じように真剣に考えなければいけない。

生きることに慣れてしまった僕らは
いかに生きるか、ではなく
いかに死ぬか、を意識するほうがいいだろう。

僕らは何の意味もなく生まれてきたわけではないと思う。
必ず意味があるはずだ。
意味のないものを作るほど神さまもヒマじゃないだろう。
僕らは生まれてから死ぬまでの間にその意味を全うする使命があって、
生まれてきたはずだ。

死ぬ準備はできているか?

できていない。じゃあ、何をするべきか。

自分で死ぬ日を決めてみないか？

たとえば「45歳で死ぬ」ことにする。
僕は今31歳だから、あと14回しか正月を迎えられない。
初日の出、観に行かなくては。
いや、そんなヒマはない。
正月に振りまわされないで、やりたいことをやらなくては。

「死ぬ」ことを意識した瞬間、
急に自分と向き合うようになる。
今までなるべく見ないようにしてきた現実や
死ぬまでに絶対にやりとげたいことを考えるようになる。

「死ぬ日を決める」ことで、
より大事に生きられるようになる。

僕自身、ホストだった二十代のころは三〇で死のうと決めていた。
それぐらい、やってやろうと思っていた。
いやむしろ生きることってつらくて、何十年も先があるなんて思いたくなかった。
死ぬ気でやった。気がついたら三〇になっていた。
たしかに三〇になったとき、二十代の僕は死んだ。
でも、また死ぬ気で取り組みたいことができていた。

何の意味もなく生まれてきて死ぬわけがあるはずがない。
生きた意味が必ずあるはずだ。
その意味は、生きている間は見つからないかもしれない。
でも、絶対意味があるんだ。

誰もが使命を持って生まれてきているのだから。

今、
すごくなくていい

人は可能性に投資するんだと思う。
自分への可能性。物への可能性。人への可能性。

うちの店のホストたちは未経験から始める子がほとんどだ。
もちろん最初はみんな仕事ができない。
即戦力を求めるなら経験者を引き抜いたりするほうがいいだろうが、
僕は最初からできるかできないかはあまり考えない。

欲しいのはただ一つ、「可能性」だ。

人間の評価って、今できる、今すごいってことじゃなくて、
その人の持ってる可能性で決まるんじゃないだろうか。

だから今は何もできなくていい。

これからすごくなるだろうな。

そんなふうに思わせてくれるヤツは魅力的だ。

一緒に働けると思うと、ワクワクする。


ナンバーワンめざして階段をのぼっていくホストにとっては、特に大切なことだ。

僕たちは車やパソコンを売る営業マンじゃない。

実体のないサービスというものを売ってなんぼの世界で生きている。

ただしお客さまは、そんな僕らと過ごす楽しいひととき（時間と空間）だけにお金を払ってくれてるわけじゃない。


どういう男になっていくのか、どんなすごい人間になるのか……。

そいつの可能性を信じて、そいつの将来に投資してくれるんだ。


うちの店の人気ホスト、大和《やまと》は富山の山奥からバッグ一つで出てきた。

地元では有名なヤンキーで、相当悪さをしていたらしい。
上京したてのころは方言丸出しで東京に慣れるので精いっぱい。
ヘルプで席に着かせても方言が恥ずかしいらしくほとんどしゃべらない。
でも、入店数カ月でお客さまが何人もついた。
周りのホストと比べれば、あか抜けない感じ。正直、見劣りしていた。
でも、負けん気だけは人一倍あった。努力も人一倍していた。
本気でナンバーワンをめざしていた。

お客さまは富山で悪さをしていた大和にお金をつかっているわけじゃない。
田舎くさい大和にお金をつかっているわけじゃない。
富山から出てきて、ナンバーワンめざしてがんばっている大和。
ナンバーワンになったら今よりさらに輝くだろう大和の未来に投資しているのだ。

今でもなまりは抜けきらないが、大和はお店の中心メンバーの一人だ。

僕らはみんな成長過程。
だからこそ今をがんばらなければ、
相手を裏切ることになる。
口からでまかせみたいな
無責任な夢を語ることはしちゃいけない。

ホストだけじゃない、どんな仕事だってそうじゃないだろうか。
家族や友達、恋人。自分が気づかないだけで、
ひそかに応援してくれる人は、必ずいる。

今、すごくない自分を見捨てないでほしい。
今、すごくないからこそ、これから必ずすごくなれるんだから。

「余力を残して眠りたくない」

知ってる？　ふとんってメッチャ柔らかいの。
知ってる？　ふとんってメッチャ優しいの。
知ってる？　ふとんってメッチャ暖かいの。
すごい包み込んでくれるんだよ。
すごい慰めてくれるんだよ。

そんなじゃ、

抱きしめても応えてくれないよ。
ふとんと明日は親友なんだ。
ふとんに嫌われたら、
明日に嫌われちゃうよ。
僕は嫌われたくない。
抱きしめてほしい。

CHAPTER 4

揺れる心

不安を歓迎する

僕は不安が大好きだ。心が揺れる感じ。

人間は変化をイヤがる動物だ。
これをやれば成長できるだろうとわかっていても、
今いる場所のままいかにラクになれるかということを考えてしまう。
でも「慣性の法則」みたいに、一度止まってしまったら、
また走りだすには相当エネルギーがいる。

動いているモノに、人は目がいく。
止まっているモノはただの背景だ。背景なんて誰も見ていない。記憶に残らない。

要は、停滞イコール衰退だ。

僕はたまの休みをウダウダと過ごしてしまうことがよくある。

一日ぼーっとして、家から一歩も出ないでマンガを読んだり。
すると、次の日店に行くことすら、ものすごく面倒に感じる。
自分では止まっているだけだと感じていても、周りから見れば実は消えているのだ。
でも、そのうちに、ものすごく不安になる。
あ、動かなくちゃって思う瞬間がやってくる。

僕がホストを辞めて、独立したのもそれがきっかけだった。
正直、起業したいとか、自分の店を持ちたいとか、そういう願望はいっさいなかった。
みんなにうらやましがられるナンバーワンホストだったにもかかわらず、
変わらない日常に不安を感じはじめた。

僕は現状からの変化を求めた。
自分が抜けることが店にとって大打撃になることもわかっていたから、
恩義のある店を辞めようとは思わなかった。
だから店のマネージメントにかかわらせてもらうことで現状を変えようと思った。

でも、かなわなかった。だから、店を辞めた。それが、独立のてん末だ。

独立した結果、僕は不安を解消し、安定を手に入れたのだろうか。
それどころか、ずっと不安だ。
自信もないし、いつも悩んでいる。未来だってバラ色じゃない。
不安定きわまりない毎日だ。
でも、だからこそ動きつづけていられるのかもしれない。

訪れる「不安」を歓迎できるか？
自分でどれだけ「不安」を作れるか？

ピンチだっていい。
ピンチを乗り越えた先に待っているのは、絶対今より成長した自分だから。

不安とワクワク感は紙一重だから。

ひとりネガティブキャンペーン

何もしたくない。

すべてどうでもいい。


でもやらなければならないことは、目の前にたくさんある。

ふと自問自答してしまう。

「なんで俺はこれをやらなければならないのか?」

理由がわからない。

でもやらなければいけないのはわかっている。だから動けるように理由を探す。

でも動けない。


さらに掘り下げて理由を探す。

「お金? 名誉? 地位……?」

動けない。もう本能に訴える。

でも食欲も性欲も何にもない。動くことすらままならない。

トイレに行くのですら面倒くさい。

ただ横になって、内容がまったく頭に入らないテレビをぼうっと眺める。

ただため息が出るだけ。

意味なく進む時計を見ては、ため息が出るだけ。

気づいたら眠り、気づいたら起き、寝てしまって何にも考えないでいることを体が求める。

ただ寝て起きて寝て……を繰り返す。


そしてあるとき、起きた瞬間、ぱっとスイッチが入る。

体がめっちゃエネルギーにあふれている。おなかもめっちゃ減っている。

ベッドから飛び起きて動きだす。


体の奥ではやらなければいけないことはわかっている。

いや、むしろやりたいんだ。


それは時間がくれば自然と湧きでてくる。

奥底にそれがあるならば、落ちたときにムリに奮い立たす必要はないんじゃないか。

僕の場合は、体が疲れたときにこの「落ちる」が訪れる。
そして寝まくって体が元気になれば、自然と復活する。
きっとどん底まで落ちて自問自答しているときに、
表面の僕は、ネガティブな答えを出しているが、
体の奥底の本質の僕は、
無意識の中でしっかりポジティブな答えを出していたのだろう。

時には、こういうふうに自問自答する時間を作ることが大事なんじゃないか。

調子のいいときは、そんなことなんて考えずに突っ走ってしまうかもしれない。
でも、そんなときほどネガティブな自分を歓迎したほうがいいのではないか。
本質を見失わなくてすむのではないか。

誰にだって「落ちる」ときはあると思う。
でも、別に悪いことじゃない。
きっとふだんがんばりすぎの状態とバランスをとっているだけだ。
動けなくなるのは、次に動きだすためのスイッチ。
ネガティブなように見えるけど、実はポジティブなことなんだ。

つらい子供時代を
過ごしたヤツこそ
幸せになれる

氷をさわって「冷たい」と思う感覚は、
「冷たい」という言葉を知らなくても感じることができる。
それどころか「冷たい」という言葉だけでは言い表せないぐらい、
いろんな感覚を味わっているはずだ。
だからきっと「言葉」や「概念」を教わる前、
幼いころの僕たちはものごとをもっと深く感じられたんじゃないだろうか？
「言葉」を手に入れた大人と違って、
子供のころにこそ感情や感覚の幅が広がるんだと僕は思っている。

若者による殺人事件や虐待事件などのニュースでは、
「容疑者は孤独な家庭環境にあった」みたいな発言が多い。
まるで「孤独な家庭環境にあったから、事件を起こした」かのように。

ほんとうにそうなんだろうか？
僕は、孤独な環境で育った子供こそ、

いろんなことを考えたり、いろんな感情を持ったりできるんじゃないかと思う。
「寂しさ」一つとってみても、ありとあらゆる寂しさを味わっているわけなんだから。

こんなことを言うと、孤独な環境じゃないほうがいいに決まってるじゃないか、と反論されるだろう。もちろん、そうだ。

でも、孤独に育ったからといって不利だと思ってほしくない。
むしろ、大きくなって楽しいこと、うれしいことを一つ一つ体験していくたびにフツーの子よりずっと深く感動できるんだ、と思えないだろうか。
逆に、寂しいとか悲しいとか負の感情を味わったことがないフツーの子がオトナになって負の感情を初めて味わい、その未知の体験におびえてしまい、自殺にいたるケースだってあるんじゃないか。

よろこびの経験値が少ないからこそ、振れ幅が広いんだ。

初めてパフェを食べたとか、初めてディズニーランドに行ったとか、
そのたびに、世の中にはもっとすごい場所があるんだろう、
もっとうまいものがあるんだろうってワクワクする。
どんどん広がっていく感じがする。

今まで楽しいこと、うれしいことなんて一つもなかった。
だからどうせこれから先も、いいことなんてあるわけがない。
そう思ってる人にこそ、信じてほしい。

今までなかったからこそ、これからたくさん出会えるんだ。
うまいものにも、楽しいものにも、きれいな場所にも、すごい人にも。

僕の店にも、いわゆる「孤独な家庭環境」に育った子たちがごろごろいる。
みんなが、「世の中なんてどうせ」でなく、
「あれ？　もっと楽しいことがあるんだ!?」と思えるような未来を見せる――
それが、僕の役目だと思っている。

「母子家庭で育ったヤツは冷たいご飯が好きなんだ」

友達のなにげない一言……

朝起きると、テーブルに用意してある朝ご飯。

冷たいご飯。

自分が起きる前に働きに出てしまう。

おかあさん。

物心つく前から知ってたんだ。

冷たいご飯は、おかあさんの苦労の味。
冷たいご飯は、おかあさんの努力の味。
冷たいご飯は、おかあさんの愛の味。

起きたときにはもういない。

冷たいご飯は、おかあさん。

不完全燃焼の過去を忘れない

今でも思いだす。高校3年の冬。花園ラグビー県予選準々決勝。

僕のラグビーが終わった日。

あそこでパスしていれば……あそこでキックしていれば……

頭のなかで試合をリプレイしては、当時の悔しさがよみがえる。


夢にまで見ることもある。起きてからも夢うつつでつぶやく。

「今日の試合はいまいちだったな、もっとタックル練習しなきゃ！」

「あー、店だったらテーブルどかせば広いからしっかり練習できるな」

そこで、はっと我に返り、自分に言い聞かせる。

「俺はもうラグビーをやめたんだ。今はホストクラブをやってるんだ。そっか……」


ラグビーをやめて10年以上たつのに、こんなことがしょっちゅうある。


僕の数多い後悔のなかで、特に心残りなのがラグビーをやめたことだ。

高校時代の僕は、まさにラグビー馬鹿。

勉強そっちのけで昼も夜もラグビーのことばかり考えていた。

前から車が来ても、タックルで倒せるんじゃないか、と思ったり、駅でも、人ごみの中で敵をかわすステップを踏んだり……。

僕はこのスポーツが死ぬほど好きでたまらなかった。


それなのに、僕はラグビーをきっぱりやめた。

当時、ラグビーにはプロがなかった。

超一流になるしかラグビーで生きていく道はない。

僕に選手として一生続けられるほどの素質がないことはわかっていた。

それなら大学ラグビーをやる意味がないと思ってしまった。


ラグビーをやめると決めたら、体と心の緊張がプチッと解けた。

その解放感はものすごかった。

そして解放感にひたりきった僕は、完全にラグビーから離れてしまった。

そのまま月日は流れ、僕は大学を中退し、歌舞伎町の住人となって、
高校時代には想像すらしなかった生活を送っている。
あれから10年以上たった今まで、
僕は一度としてラグビーを再開しなかったし、
そのくせ一度として忘れたことはなかった。

あのまま、大学でもラグビーを続けていたらどうなっていただろう？

同学年だった他校出身の有名選手や同じ高校の後輩が、
早稲田や明治に進学して華々しく活躍している姿をテレビや新聞で見るたび、
あのときラグビーを捨てた自分が歯がゆくてたまらなかった。
自分で勝手に理屈つけて納得してやめたつもりが、実は言い訳でしかなかった。
僕の大学ラグビーに対する思いは、まさに不完全燃焼。
大学でラグビーを続けていたら……。

人はずっと見えない幻影と闘っているようなものだ。

「あのとき、みずから選んでラグビーをやめた今の僕」は、「大学でもラグビーを続けた場合の僕」に負けたくない。

大学ラグビーではなく、ホストを選んだ4年間をムダにしたくない。

そう思って4年間、死ぬほどがんばった。

正直、ほんとにつらかった。

でも、あの思いを二度としたくないから逃げださなかった。

ホストを選んだ過去が、ラグビーから逃げた自分に勝つまで。

過去とは、そういうものでしかないんじゃないだろうか。

ラグビーに限らない。

「あのとき必死にがんばった自分」に悪いと思わないのか？
という思いが、今の自分の原動力になる。いや、原動力とするべきだ。
今だってもう経営なんかやめて、ふらっと旅に出るよ、と言えないのは、
今逃げだしたら、「4年間、死ぬほどがんばった俺」に顔向けできないからだ。
僕らの目標は日本一のホストクラブを作ること。
死ぬほどがんばってナンバーワンホストになった二十代の僕のためにも、
途中で投げだすわけにはいかない。
ラグビーで味わった不完全燃焼は二度と繰り返したくない。
自分が実際に生きてきた過去を否定したくない。

人は、自分の過去を肯定するために生きているのかもしれない。

臭いものこそ
ふたを開けておけ、
傷口には塩を塗れ

傷痕はどうして残るのだろう。
皮を厚くしてもう一度傷になりにくいようにするためか。
心の傷はどうだろう。
自然に忘れようとしてしまう。
そしてまた同じ傷を作ってしまう。

僕には妙なクセがある。
痛い過去とか、失敗した経験とか、悔しかった思い出とか
わざと何度も思いだすのだ。
もちろん、そのたびにへこむし、つらいし、みじめな気分になる。
でも、そのイヤな気分を絶対に忘れたくない。
あのとき、あんなにつらい思いをしたじゃん……。
一番怖いのは、時がたてばたつほどそのイヤな記憶が薄れてしまうことだ。
僕の腕には、古い根性焼きの痕がある。

ホストを始めてしばらくたってナンバーも上位になったころ、
お客さまを一人も呼べなかった夜があった。
悔しくて情けなくて……みじめだった。
このみじめさを絶対に忘れない。
そう誓って、自分で腕に燃えるタバコを押しつけた。

大金を稼ぐナンバーワンホストになっても、
ホストクラブを経営する側になっても、
その傷痕をいじっては、あのときの悔しさを思いだす。
そして二度と根性焼きを作るはめにならないよう、自分を奮い立たせる。

過去の痛みや傷痕だけが、教えてくれるものもある。
イヤな思いを避けるために忘れようとするのではなくて、
思いだすことで、二度と同じあやまちをしなくてすむんじゃないだろうか。

臭いものにふたをするんじゃなくて、あえてにおいをかげ。
傷口を治療するんじゃなくて、あえて塩を塗り込め。

僕はこれからも傷に塩を塗りながら生きていくと思う。

壁を越えず、ただ受け入れる

壁を越えるとか、逃げるとかじゃなくて、ただ受け入れる。
その壁をよーく見る。
そして忘れない。
たとえ壁を越えようが、壁にはね返されようが、忘れてはいけない。

ホストが最初にぶつかる壁。
それは、自分の仕事の重さやプレッシャーに負けそうになることだ。

お客さまがついて、大金をつかってくださるようになると、
自分はそんな価値がある男じゃないし、とか
とても期待に応えられない、とか
たくさんのお金をつかわせるなんて悪いなあ、とか
そこで耐えきれずに逃げちゃう。

考えるのがつらいからといって、目をそらしてはいけない。

小手先の情けやサービスで自分を納得させてはいけない。

もちろん、僕らホストは、お客さまを不幸せにしようなんて思ってない。

売上げを上げたいからといって、ムリやり大金をつかわせようなんて思わない。

でも、ナンバーワンになりたい自分の気持ちを優先しすぎてしまって

自分に見合う以上をつかってもらってしまうこともある。

必要なのはそれを乗り越えるとか、
打ち勝つとかではなく、ただ、受け入れること。

そうしないと、この仕事をやって苦しんだり、悩んだりした意味がない。

つかってもらうお金の重さを軽く考えるホストなんかいないだろう。

それに見合う男になるよう努力しなければいけない。

でもその重さに押しつぶされてもダメだし、
投げだしてもダメだ。

今すぐに答えなんて出ないと思う。

ホストとして、お客さまの真剣な想いを背負って生きていく。背負って生きつづける。
それが、僕らのやらなければならないこと。

そしてそれが、僕らを大きくしてくれるのだろう。

それこそが、キレイごとではすまない、
この夜の世界で生きることなんだと思う。

戦わなくていい。勝たなくてもいい。
でも、逃げないで受け入れよう。

みんな一緒でなくていい

みんなと同じでいたい。それが僕の幼いころからの願いだった。

みんなみたいに家族でディズニーランドに行きたい、みんなと一緒に野球チームに入りたい、スキー合宿にも友達の行ってる塾にも行きたい。

自分がやりたいからというより、みんながやってるから僕もっていう理由だった。

要は、人と同じでいれば安心できた。

だから、小中学校では自分と似たようなヤツ、気が合うヤツとつるんでばかりだった。


ところが高校入学後、なりゆきでラグビー部に入った僕は3年間、いやおうなしに自分とはまったく違う人間たちと時を過ごすことになった。

ラグビーのチームには、同じようなタイプの選手はいない。むしろ、不要だ。

敵チームとぶつかりあう大男もいれば、チビの司令塔ハーフバックや、走りまくるフルバックがいる。とにかく、背も体重もデコボコ。

だが、勝つという共通目的のもとには優劣なんて存在しない。

お互いの違いを受け入れ、足りない部分を補い、尊重しあう。
その結果、勝利というごほうびが手に入る。
最初は僕もとまどった。体格だけでなく、性格も違う。
自分と似たお調子者キャラの友達と違って、
部活の仲間は数学マニアのフォワードだったり、
哲学を語るハーフバックだったり。
最初は敬遠していたが、一丸となって勝利を狙うにはそうも言っていられなかった。
部活で接するたびに、僕は自分とは違うキャラの彼らに、
ラグビーの上でも人生の上でも、さまざまな刺激を受けるようになった。

みんな一緒でなくていい。
違ってるからこそ、おもしろいんだ。

ラグビーの世界に身を置いたことで、僕のなかで何かが変わった。
自分と同じようなタイプの人間とつるんで得る安心感よりも、

違うタイプの人間と一緒にいたほうが何倍も自分が成長できる。
そう思うようになった。

たとえば、うちの店には、大学駅伝の花形選手だった子や、中国とロシアと日本人のミックス、自衛隊出身者や絶対音感の持ち主までいる。年齢も十代から四十代までと幅広いし、美形やトークのおもしろさ、酒が強いなど、ウリもさまざま。
そんなバラバラの子たちがそろっていて、共通目的のもとお互いの強みを認めあい、弱みを補いあいながら、店を盛り上げようと努力している。

相手との違いを認めあおう。
いや、みずから他人を受け入れよう。

悩みの大きさにまどわされるな

僕の住んでいたところでは、小学4年生になると野球の少年団に入ることができる。
運動が好きな子は野球が好きとか嫌いとか関係なく、みんな入る。
小学校にある少年団が野球だけだからだ。
僕の兄も入っていた。
もちろん、僕も入りたかった。
でも、親が入れてくれなかった。
理由は、当時も今もわからない。
共働きで忙しいからか、
少年団での父母としての役割がいろいろあって大変だからなのか、
深く理由は聞かなかった。大人の事情だと勝手に思っていた。
さみしかった。

僕は兄がいるからいろんなものがお下がりだった。
裁縫箱もお下がりだった。
みんなはアニメの猫の入れものなのに、僕だけ実物の猫の写真の入れものだった。

家庭科が恥ずかしくてイヤだった。

こんな悩みなんて、今考えればどうでもいいことだ。
お金持ちの小学校なら、親の車がベンツか国産かで劣等感を持つかもしれない。
別荘を持っているか、持っていないかで、恥ずかしい思いをするかもしれない。

話のスケールの大きさではなくて、誰だってそういう小さなことで悩むのだ。
悩んでいることの大きさは違えど、みんな悩むのだ。
自分だけだと思ってほしくない。

みんな悩むんだ。

それを乗り越えて、あとで笑うんだ。

あとで笑えるか笑えないかが、それぞれの差なんだ。

卑下することは簡単だ。
でも笑いたいなら、自分だけなんて思うのはやめよう。

ただ愚直に、点を生きる。
それはほんと瞬間のスピード感なんだ。
加速度なんだ。

止まらないんだ。

さんまさんは寝ないんだ。
でもほんとうは寝てるんだ。
でも寝ないんだ。

止まらないんだ。
今なんだ。点なんだ。
線にするのは自分じゃないんだ。
そんなのただの他人の評価。
ただ愚直に、点なんだ。

CHAPTER 5

自分をあきらめるにはまだ早い

自分に対して無責任すぎる

人って自分に対して、実は一番無責任なんだと思う。

他人に対して発言するときは、どんな人でもやっぱり多少は気をつかう。
でも、自分に関してはそんなに熟考することはあんまりない。

誰にも迷惑かけないからと思って、
自分に対してはものすごく無責任なことを平気でできる。

そりゃ、自分だから自分を好き勝手に使っていいじゃん。
って思うのは当然だ。

でもそんな自分が生まれたのも、今存在しているのも、
実は自分以外の人のおかげ。

だから忘れてはいけない。自分って社会の一部なんだ。地球の一部なんだ。

自分は自分だけのものじゃない。

だけどどうせ俺なんか……なんて言って、
直接自分にかかわらない世の中のことに、ほんと僕らは無頓着。
でも世の中は、現実味のない、むずかしい仕組みになっていて、
考えるのをつい面倒に思ってしまうのもしょうがない。

僕も国会中継を見ていたって、何言っているかサッパリわからない。
絶対僕らの生活にかかわるようなことを決めているはずなのに、
見て見ないふりをする。

社会に対してほんと僕らは無責任で無関心だ。
誰かがわざと社会の仕組みをむずかしくして、
僕らをコントロールしやすいようにして、
無関心にさせられているのかもしれない。

でもその根本の理由って、
実は自分にすら無責任で無関心だからじゃないのだろうか？
何もなかったかのように通りすぎる時間に
もったいなさを感じないのか？
自分に与えられた時間に対して無責任さを感じないのか？

うちらホストの世界では「飛ぶ」ということがよくある。
昨日までフツーに働いていたヤツが、何の連絡もなしに急にいなくなるのだ。
店には当然迷惑がかかる。みんな困る。そんなこと、承知で飛ぶのだ。
少なからず、店にも問題はあるだろう。

でも、あいつは無責任なヤツだってみんな思う。

僕は飛んだ子に対していつも思う。
そんな自分でいいのだろうか？
そんなヤツだって思われる自分でいいのだろうか？
そんな過去を残していいのだろうか？

「俺、ダッセーよ」って思わないのだろうか？

自分を裏切ることは自分を生んでくれた親を裏切ることで、
社会を裏切ることで、地球を裏切ることで。

自分は自分だけのものじゃない。

背負ってるんです。みんな。

地球を。日本を。
自分をムダづかいするな。

無関心が
最も無責任で
悪なこと

「かっこつけが一番かっこ悪い」
うちの店の流聖《りゅうせい》が、ナンバーワンの武蔵《むさし》に怒られていた。

流聖は武蔵じゃないんだから、
武蔵と同じように考えたり行動したりはできないかもしれない。
でも、同じじゃないからって何にも言わないことのほうが一〇〇倍ひどいことだ。

「あいつもあいつなりに……」
なんて言って、相手の意思を尊重してるようなふりをして、
結局見て見ぬふりをすることが一番悪だ。

あいつはあいつなりに考えてるのは当然。
他人の話なんてそんな聞いちゃいないかもしれない。

ずれていることはわかってる。

ただ何がずれているかは本人はわからない。他人もわからない。
でも口に出して言ってやることで、
それが答えじゃなくても、何かが見えるかもしれない。
だから言うべきだし、言わなければ、何も変わらない。

無関心が最も無責任で悪なこと。

武蔵は流聖を怒ることで、自分に一番プレッシャーがかかる。
そんなことは本人もわかっている。

今ナンバーワンだから言うわけではない。
言うことが上司の責任である。

他人のことを真剣に考えることで、一番見えてくるのは自分自身だ。

言いあうことでお互いが成長する。

武蔵が「お前、これ携帯の待ち受けにしろ」と流聖に売上げランキング表を渡した。

「俺、絶対誰にも負けません」

ベロベロに酔って覚えていないかもしれないけれど、流聖は気持ちを見せていた。

言い訳を探してるヒマがあったら、ため息つく時間があったら、怒られよう。怒ろう。

熱かろうが、冷たかろうが、同じ時間だってことを認識せねば。

僕はバカだ
僕は天才だ
僕は自分勝手だ
僕は人見知りだ

僕は寂しがり屋だ
僕は怠け者だ
僕はこれからだ。

五感を信じろ

2007年を表す漢字一文字は「偽」だった。
いろんな「偽」があってみんな怒っていた。
特に多かったのが、食品偽装。

まあ、僕自身何かを食べておなかを壊してないから、
あんまり気にはならなかったけど、世の中はめっちゃ怒ってた。
ダマサレタ!! キー! って。

先日、コンビニからの帰り道で、道端に落ちているゆで卵のパックを見つけた。
僕はゆで卵が大好きでコンビニに寄れば必ず買う。
その日も、もちろん買い物袋に入っていた。

僕は、落ちているゆで卵を手に取った。
眺めた。
賞味期限は切れていない。封も開けられた形跡はない。

世の中は賞味期限偽装問題で大騒ぎ。
この落ちていたゆで卵は、それに関してはクリアしている。
しかし、道端に落ちていた。

コンビニの棚から手に取るか、道端から手に取るかの差でしかない。

僕は世の中の偽装問題に向きあってみようと思った。
落とした人が拾いに来るかもしれないから、
僕の買ったゆで卵と落ちていたゆで卵を交換して、家に帰った。

食べるのを躊躇する僕がいた。
なぜためらうのか考えてみた——道に落ちていたことの問題点を。
漠然とした「毒入りじゃねぇか?」という不安。

問題は、それだけだった。

考えれば考えるほど、毒入りの可能性はなくなってきた。
誰が道端に落ちているゆで卵を拾って食べるであろうか。誰も食べないだろう。
誰が、誰も食べないゆで卵に毒を仕込んで道端に置くだろうか。

毒入りでないとするなら、もう問題はない。
僕は、ゆで卵の封を開けて、殻をむいた。
きれいなブラックパールだ。香りもいつもと変わらない。

もし誰か僕の命を狙っている人間が、僕がゆで卵が好きというデータのもと、道端に落ちているゆで卵を拾って食べるであろうと予測して
ミッションを決行したのならば、僕はこれで死んでも後悔はないと思った。
そこまで僕を研究してくれたことに、敬意を払わなければならない。

しかしこんな精巧な毒入りゆで卵を作れるなら、
もっと簡単な方法で僕を抹殺するだろう。
やはり毒入りの可能性はゼロだ。

僕は僕の判断で、ゆで卵を口にした。
おいしかった。幸せだった。

口の中に残る黄身の香りを感じながら、
賞味期限偽装問題についてもう一度考えてみた。
やはりズルはいけない。賞味期限の偽装はいけない。
そして僕は考えた。
今の時代、自分の口に入れるものに関して
自分の判断が弱くなってきているのではないか。

三つ星ならうまいのか？
雑誌に載ってたらうまいのか？
高ければうまいのか？

自分の五感で判断することが、希薄になってしまっているのではないだろうか？

それは食だけに言えることではないと思う。
自分にかかわるすべてのことに対して情報が多すぎるこの時代は、自己判断力の欠如が大いに許されてしまう時代なのではないだろうか？

ネットで調べればわかる時代。
他人まかせの時代。

情報はどんなにがんばっても情報でしかない。

情報は、見知らぬ誰かの五感で取捨選択されたものだ。
そんなものに振りまわされるから、ついあとから文句を言ってしまう。
後悔するかしないかは、自分次第。
見て、聞いて、さわって、嗅いで、味わって。

自分の五感をなめるな。
自分の五感を信じろ。
自分だけが持っている、その五感を。

きっと誰もが敗者復活戦

自分だけが夢破れたわけじゃない。
成功者と称えられている人たちだって、
ずっと勝ちつづけて今にいたったわけでは決してない。

前科者やヤンキー、家出少女、元ヤクザ、難民、
オトコ、オンナ、外国人……、
歌舞伎町という街は、どんな人間でも受け入れる包容力がある。
リセットができる街。
新しい名前を持ってやり直すことができる街。

逆に言えば、過去の栄光なんて関係ない。
腕力も、運動神経も、出身も、過去も、学歴も……外見すら関係ない。

ホストクラブも同じだ。
売上げがすべての厳しい世界。だからこそ実は平等だ。

数字の前では、あらゆる先入観が消える。
ひ弱でずっといじめられっ子だった男も、数字さえ上げれば上に立てる。
まさに、ここは敗者復活の場所。

うちの店には国立大卒も元暴走族のリーダーも、タイ人もいる。
今にいたるバックグラウンドはまったく関係ない。
漢字が書けなかろうが、敬語が使えなかろうが、ケンカが弱かろうが。
今がすべて。結果がすべて。

でも、それって歌舞伎町やホストクラブに限ったことではない。

夢破れて下を向いて生きるのか。
めげずに前を見つづけて生きるのか。

成功者と呼ばれている人たちは、
みんなめげずに前を見て敗者復活戦を勝ちあがってきた人たちなんだ。

一度の失敗で下を向いてしまうのか。
いつまでもその失敗をひきずって悲劇のヒーローを気取るのか。

決して過去の失敗を忘れてはいけない。
次こそは負けないようにがんばらなければ、いつまでも勝てない。

でも、誰も勝ちつづけることなんてできない。

誰もが敗者復活戦なんだ。

その一歩に胸を張れ

今一〇〇億持ってる。
今ほとんど貯金がない。

今がんばる。
今サボる。

輝いている人って、どんな人だろう。

ホストクラブは毎月の売上げでナンバーが決まる。
先月ナンバーワンでも今月はまたみんなゼロから競う。
うちの店では毎月5日の営業後に、
ナンバー発表のミーティングがある。
ナンバーワンになったヤツは、みんなにひとこと言うのが習慣になっている。
先月ナンバーワンだった武蔵《むさし》がみんなにこんなことを話した。

営業後ということもあり、武蔵も多少酔っていた。
「僕は今月も誰にも負けないと思います。
なぜなら今この瞬間一番疲れているのは僕だからです」

僕はみんなに説明した。
武蔵はナンバーワンだったことを誇っているのではなく、
今日がんばった自分を誇って自信満々にそう言ったんだ。

みんなが武蔵と同じようにできるかといったら、それはムリ。
かかえているお客さまの数も違うし、ホストとしての技量も違う。
でも新人だろうが、ナンバーワンだろうが、
今日精いっぱいやることはできるんだ。
自分の立ち位置で全力で一歩を歩むことは、誰だってできるんだ。

武蔵が自信満々に言ったのは、その一歩の大きさなんだ。
その一歩の真剣さなんだ。

その一歩に胸を張っているんだ。

一〇〇億持ってあぐらかいている人と、
多くの弟妹をかかえて小学生なのに一生懸命新聞配達している子。

努力の結果がお金になるわけではない。

よりすばらしい作品を作ろうとする頑固な陶芸家。
一生懸命自転車に乗れるようにがんばる子供。
一〇〇億円持ってて、さらに一円稼ごうとする人。

お金は結果としてたまたまその職業についてきただけであって、
必ずついてくるわけではない。

でもどんな環境だってどんな状況だって、やれることはただ一つ。

一歩を強く踏みだすこと。

それだけなんだ。

その一歩に全力をささげたら、
どんな状況だろうが、下を向くな。胸を張れ。

自分の精いっぱいの一歩に自信を持て。
輝いている人は、一歩を大事にしている人だから。

「だいたいOKじゃん」

大企業に勤めなくちゃ、
年収は多くなくちゃ、
モテなくちゃ。

カンペキを求めすぎじゃないか？

スポーツできないからダメ、
貧乏だからダメ、
ブサイクだからダメ。

あら探ししすぎじゃないか？

ヒルズに住んだら幸せなのか。

結婚して子供ができて豊洲に住んだら幸せなのか。
誰かが作った幸せのカタチを手にしていないからって、
今不幸せなのか。

しなくちゃいけないことなんかない。ダメなんかない。
カンペキなんかない。

カンペキなんかいらない。

だいたいでいいんだ。
幸せのカタチはこれから自分で作るんだ。

だから、今カンペキじゃなくていい。
今の自分、だいたいOKじゃん。

エピローグ

僕らの店のテーマは「夜のロハス」です。

お客さまから「ロハスって何?」と聞かれたら、
「笑顔」と答えるように、日頃スタッフたちに言っています。

つらいとき、悲しいとき、苦しいとき……
そんなときは、言ってみれば人生の夜の時間。
明けない夜がないように、
人生にも夜のあとには必ず朝がやってくると、
僕は信じています。

ホストを10年やり、つらいことや悲しいこともたくさんあったけど、
まだまだちっぽけな自分がイヤになることもあったけど、
気がつくと、幸せは僕のほんとうに身近にありました。
両手を広げて届くところにありました。

僕の生きてきた意味も、これから生きていく意味も、
両手を広げて届く範囲にありました。
ならば僕も両手を広げ、届く範囲の人を幸せにしてみよう。
僕には少しだけ朝日が差しこんできた気がします。

この本は僕が家族のように思っている（なんて書くと照れてしまうけど）
スタッフたちに、いつも伝えたいと思っていることを書きました。

イヤなことがいっぱいある現代だけど、
くさらないでほしい、自分を見捨てないでほしい。

生きること、働くこと、夢を見ること、
少しだけ見方を変えれば、
こんなにも人生が変わってくるんだということを伝えたい。

夜は、暗くて寂しくて怖くて一人じゃいられなくて。
だから体を寄せあって。あたためあって。
朝を迎えるための「夜のロハス」。
お客さまにもスタッフにも、少しでも陽が差しこんでくるような、
そんな居場所づくりを、人生をかけてやっていきたい。
それが、今の僕の思いです。

2008年　手塚マキ

10年後のつぶやき

本を出版して10年がたった。
今読み返すと、若気の至りと言わざるを得ない言葉もいくつもある。

しかし、あえてそれを四十代の僕の言葉に変えなかった。
僕の今の思いはある。その僕に三〇歳の僕が語りかけてくれる。

そして僕はまた新しい僕になっていく。

所詮誰かの言葉なんて、誰かの言葉だ。
僕の10年前の言葉なんて、そんなもんだ。

読み返してみると、当時はやっと自分を受け入れて、でも大きくなろう、という成長願望が強かった。

この10年間、僕はそういうふうに生きてきたのか？

否だ。

もちろん、大きくなること、成長することをあきらめたわけではない。

でも、それよりも大事なことが、この10年間にはあったんだと思う。

現役ホストのときは、負荷をかけて、真剣にやれば、必ずあとでいいことがあるって思っていた。
でも店を経営するようになって、
そうやって結果を出して勝ち上がることだけが正解なのか？
と、仲間を見て思うようになった。
あとでいいことなんて起こらないことも多いし、
勝ち上がったことで不幸になるケースもたくさん見てきた。

だからこそみんなに、いろんな生き方を見せて
自分で納得いく道を選んでもらえるようにしよう、と努力してきた。
もしかしたら、僕自身が納得するために。

それなのに僕は、

がんばって成長して、大きくなりたい自分。
がんばらなくても心地よく生きたい自分。

とが戦っていたんだと思う。

この10年間は、後者が勝っていたように思う。
僕がのんびり空をながめて考えながら生きていたら、
同世代の成り上がりは、ますます成り上がっていった。

三〇くらいのときに楽しく遊んでいた仲間たちの生活レベルが上がっていく姿をたまに見ると、正直、うらやましく感じる。

俺は俺の生き方をしてきたんだ！　って強がって言う気もない。
正直に、うらやましい。
いまだに賃貸マンションを借りるのに苦労するし、
10年前と生活レベルは変わっていない。

成長、成長、と考えつづけて、行動しつづけていれば、
きっと、そういう生活をしていたかもしれない。
でも、どこかで疲れて立ち止まってしまったかもしれない。

仲間とともに生きていくことを決めた僕は、いろんな生き方を模索した。
楽しい生き方がたくさんあることを知った。
いろんな人がたくさんいることを知った。

正解なんてない。

成長したい人はすればいい。
したくない人はしなければいい。

でも、ほんとうは当時もそう思っていたような気がする。
でも、がんばらなきゃいけないと思って、がんばっていた気もする。
そして、今もそうだ。
がんばらなきゃいけないと、やっぱり思っている。
それが、僕なんだと思う。

10年間何してきたのかと振り返ると、心の幅を拡げることばかりしてきた。
人が悲しいときに一緒に泣けて、嬉しいときに一緒に笑える。
そんな人間に、僕もなりたかったし、みんなにもなってほしかった。

そして、これからもずっとみんなと一緒に生きていけるように、
いろんな生き方ができるような選択肢をつくってきた。
本屋をやったり、介護施設を作ったり。
ホストで培った能力を活かせるような居場所を作ってきた。

そう、僕は居場所が欲しいだけなんだ。
自分の居場所がなくなることを恐れているから、
みんなが去ってしまうのが怖いから、選択肢を増やしているんだ。

みんながいるから僕の居場所ができたと思った三〇歳のときから

何も変わっていない。
一緒に生きてきた仲間たちと、これからも一緒に生きていきたい。

10年前の僕は、がんばることが人生には必要だと言っていた。
でも、今はそんなに強く言えない。
がんばれない人がいなくなったらイヤだからだ。
僕自身、がんばれないときだってあるし、
がんばれないけど仲間思いのヤツもたくさん見てきたから。

それでもいまだにがんばることを強要している僕もいる。
だから僕が一番がんばらなきゃって思ってムリして
それがさらにみんなへのプレッシャーになってしまっている。

どんな人生が幸せか？　なんて僕にはわからない。
仲間たちでも苦しんでいる人もいると思う。

それに気づかない僕もいると思う。

この本の冒頭に、僕は今が一番幸せだ、って書いていた。

でも、今の僕は今が一番幸せだって強く言い切れない。
やりたいのにやれていないことが、たくさんありすぎる。
みんなに感じてもらいたいのにまだできていないことが、たくさんありすぎる。

もしかしたら、それもエゴかもしれない。

でも時代が、僕らが思っているより早く変化してしまいそうだと
思っているんだ。
テクノロジーの発展で、僕らは働かなくてもいい時代が来ると思う。
ＡＩが進化して、働かなくてもいい時代、
ある意味では仕事がない時代がやってくるだろう。

そうなったら、僕らの人生に残るのは余暇だ。
消費しきれないほどの余暇。

僕の大好きなおばあちゃんの名前はヨカばあちゃんだった。
僕を一番かわいがってくれた。
ヨカばあちゃんたちが必死に働いて立て直した戦後の日本の次世代に、
有り余るほどの余暇がやってくる。
そんなときに幸せに暮らせる準備はしておいたほうがいい。
そんなときに一緒に過ごしたいって思われる人になっておいたほうがいい。

有り余る余暇がやってくるのが待ち遠しい、と思えるような
「感性」「教養」を身につけてほしい。
そう思っていろいろやってきた。
これからも地道に続けていく。

僕自身、知らないことがあまりにも多くて驚いた10年間だった。
それまでの人生を内省しながら、
しかし果てしない景色が見えた。

女性に関してのプロフェッショナルだと思っていたのに、
何にも知らなかったことを知った。
女性についてちゃんと考えようと思ったら、
女性だけでなく、いろんな生きづらさを抱えている人たちを知った。
のうのうと胡坐《あぐら》をかいていた自分たち男の歴史を知った。
たくさんの自分の過《あやま》ちを知った。
無意識の過ちを知った。
後悔してもしきれない過ちを知った。

でも、まだまだわかってない。
もっと知りたい。もっと勉強したい。もっと反省したい。

成り上がることをサボったかわりに、
たくさんの文化に触れたり、海外を無計画に周ったり、
ひたすら本を読んだりした。
わからないことばかりだということがわかった。
知らないことばかりだということを知った。
自分の見てきた世界なんて、超・小さな世界だと知った。

何百年と愛されてきた日本や世界の文化を知った。
だからもっと知りたい。
知って仲間と共有したい。

知って一緒に笑ったり、泣いたり、怒ったりしたい。
もっと短歌を詠めるようになりたい。もっとクラシック音楽を聴きたい。
もっと美術館に行きたい。もっと星空を眺めたい。
もっと世界中の名作を読みたい。もっと映画を観たい。
もっと人間を知りたい。もっと自分を知りたい。
ワクワクする。

でも、
なんでこんなに淋しいんだろう。
なんでこんなに不安なんだろう。
本当はわかっているんだ。
いつの日か去っていく仲間がいることを。

新しいことに挑戦するヤツ。
袂《たもと》を分かつヤツ。
逃げ出してしまうヤツ。

きれいごとだけじゃやっていけないことがわかっているんだ。

でも

だから僕はここにいる。

帰って来られる場所があると思ってもらえるように、
僕はここにいつづける。

誰かの心が僕の居場所になれるように。
僕の存在が誰かの居場所になれるように。
僕はここで居場所を作りつづける。

2019年　手塚マキ

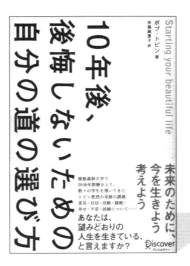

自分をあきらめるにはまだ早い　改訂版

発行日　2019年　4月30日　第1刷

Author　手塚マキ
Illustrator　板橋大祐
Book Designer　chichols

Publication　株式会社ディスカヴァー・トゥエンティワン
〒102-0093　東京都千代田区平河町2-16-1 平河町森タワー11F
TEL 03-3237-8321（代表）　FAX 03-3237-8323　http://www.d21.co.jp

Publisher　干場弓子
Editor　大山聡子（編集協力：石橋和佳）

Marketing Group
Staff　清水達也　井筒浩　千葉潤子　飯田智樹　佐藤昌幸　谷口奈緒美　古矢薫
蛯原昇　安永智洋　鍋田匠伴　榊原僚　佐竹祐哉　廣内悠理　梅本翔太
田中姫菜　橋本莉奈　川島理　庄司知世　谷中卓　小木曽礼丈　越野志絵良
佐々木玲奈　高橋雛乃　佐藤淳基　志摩晃司　井上竜之介　小山怜那
斎藤悠人　三角真穂　宮田有利子

Productive Group
Staff　藤田浩芳　千葉正幸　原典宏　林秀樹　三谷祐一　大竹朝子　堀部直人
林拓馬　松石悠　木下智尋　渡辺基志

Digital Group
Staff　伊藤光太郎　西川なつか　伊東佑真　牧野類　倉田華　高良彰子　岡本典子
三輪真也　阿奈美佳　早水真悟　榎本貴子

Global & Public Relations Group
Staff　郭迪　田中亜紀　杉田彰子　奥田千晶　連苑如　施華琴

Operations & Management & Accounting Group
Staff　松原史与志　中澤泰宏　小田孝文　小関勝則　山中麻吏　小田木もも
池田望　福永友紀　石光まゆ子

Assistant Staff　俵敬子　町田加奈子　丸山香織　井澤徳子　藤井多穂子　藤井かおり
葛目美枝子　伊藤香　鈴木洋子　石橋佐知子　伊藤由美　畑野衣見
宮崎陽子　並木楓

Proofreader　文字工房燦光
DTP　朝日メディアインターナショナル株式会社
Printing　大日本印刷株式会社

ISBN978-4-7993-2457-8